혀

최예환

경북 선산 출생.
영주문예대학 수료.
2017 제29회 신라문학대상 시조 부문 수상.
2018 《월간문학》 등단.
2018 《좋은시조》 신인작품상.
2019 경북 문예진흥기금 수혜.
현) 한국시조시인협회, 영남시조문학회, 봉화문인협회, 한국의사시인회 회원. 봉화제일의원 원장.
choice1962@hanmail.net

혀

—

초판 1쇄 2019년 10월 10일
지은이 최예환
펴낸이 김영재
펴낸곳 책만드는집

—

주소 서울 마포구 양화로3길 99, 4층 (04022)
전화 3142-1585·6
팩스 336-8908
전자우편 chaekjip@naver.com
출판등록 1994년 1월 13일 제10-927호
ⓒ 최예환, 2019

—

* 이 책의 판권은 저작권자와 책만드는집에 있습니다.
  이 책 내용의 전부 또는 일부를 재사용하려면 양측의 동의를 받아야 합니다.
* 이 책은 2019 경북 문예진흥기금 지원을 받아 발간하였습니다.

—

ISBN 978-89-7944-702-6 (04810)
ISBN 978-89-7944-354-7 (세트)

책만드는집 시인선 133

혀

최예환 시집

책만드는집

| 서시 |

몽당연필

*

또박또박 배우며 함께 걸어왔지만 한 마디 자랄 때마다 점점 짧아지더니
  살 깎는 아픔 견디어 내심內心을 드러냈다

*

말 너무 잘해서 다 닳은 이 있지만 제 말 다 못 하고 또각또각 부러진 이여
  남은 삶 고만고만하다 지나온 말 어떠하든

*

쓰려니 불편하고 버리려니 아까워 연필꽂이 속으로 툭, 던져 넣는다
  혹 알까 볼펜심이 마르면 거기 꽂아 널 부를지

*

 몽땅 다 드렸기에 당당한 저 몽당함
 동행했던 먼먼 길에 남긴 책이 보람이라 몽달귀 되어서라도 그 글 위에 머문다

| 차례 |

4 • 서시

1부

13 • 입춘
14 • 봄비 3
15 • 멸치
16 • 백야
18 • 눈길
20 • 쑥국
21 • 별똥별
22 • 超新星을 보다
23 • 두 자루의 만년필
24 • 대금
26 • 물고기가 그려진 화분
27 • 들꽃
28 • 혀 1
30 • 혀 2
32 • 혀 3
33 • 애도
34 • 그래, 나는 뜬다
35 • 봄볕
36 • 겨울, 어느 항에서
38 • 이명
39 • 오신다기에
40 • 가을비

2부

43 • 소녀상을 그리다
44 • 낯선 소리
45 • 물그림자
46 • 가슴에 사는 새
48 • 깃털 하나
50 • 봄의 노도
51 • 회전의자
52 • 편향
53 • 빨래 1
54 • 빨래 2
56 • 설수
58 • 물아
59 • 대
60 • 또 다른 이력서
62 • 제주왕나비
64 • 고해
65 • 복수초
66 • 휨에 관하여
68 • 2월 말, 눈 내리다
69 • 중환자실
70 • 단풍
72 • 얼음꽃 3
73 • 낙화

3부

77 • 비
78 • 대서
80 • 분주
82 • 태풍
84 • 눈물
85 • 가자미
86 • ㄴ
87 • 대게의 추억
88 • 미루지 말아야
89 • 추분
90 • 다리
91 • 자위
92 • 오언
94 • 사바
96 • 속새
97 • 영감
98 • 산수유
100 • ㅅ
102 • ㅎ
104 • 심봉사처럼
106 • 사
107 • 실향
108 • 설

4부

- 111 • 겸손을 배우다
- 112 • 돌
- 113 • 싸락눈
- 114 • 잠꼬대
- 116 • 사진 한 장
- 117 • 수발
- 118 • 슬픈 눈
- 119 • 칼국수
- 120 • 각혈하다
- 122 • 쑥부쟁이
- 123 • 어떤 이별 1
- 124 • 어떤 이별 2
- 126 • 아버지의 숨
- 128 • 경운기
- 129 • 달
- 130 • 끈
- 132 • 아버지의 농막
- 133 • 기침 소리
- 134 • 실직
- 136 • 삼척의 봄
- 138 • 거울 앞에서

- 140 • 해설 _ 박영교

ary # 1부

입춘 立春

봄은, 드는 게 아니라
반듯이 세우는 거

그 두께를 이겨낸
당신을 반기듯이

쓰러진
그리운 것들
반드시 일으키는,

비웠을 때 오히려 내일이 넉넉한 거
씨앗 속 들여다보면 이 강산 푸르디푸른
청靑사진
하나 품었다가
넉넉하게 펼치는,

봄비 3

한데 널어둔 빨래 서둘러 걷다가

아서라, 그냥 두자 봄비에 푹 젖도록

혹 알아
거기 싹 터서
꽃 피고
새가 들지

멸치

남해 청정 바다에서 갓 잡아 말렸다는

멸치 파는 트럭에는
고성이 분주하고

물볕을 물고 있는 입

아우성이 아직,
짜다

백야 白夜

〈백조의 호수〉를 꿈꾸는 잠 못 드는 하얀 밤
며칠 밤낮 떠돌다 놓친 시간의 경계에서
공중에
허방 짚는다
바람 또는 이데아

모두 잃어버렸다
집도, 길도, 꾸던 꿈도
빈터에 던져진 게 이제 뭔지도 몰라
표백된
방랑의 아귀
모두 풀려버렸다

녹아내린 문자들이 고물고물 기어가고
증발한 글의 의미 먼지처럼 날아가
하얗게

보풀 일어서는
머릿속은
백야 中

눈길

말없이
가던 길이
족필로
남긴 독백

조붓한
길 따르던
혼잣말도
지쳐서

두어 길
서로 만나면
두런두런
수담한다

신작로
나섰더니
말, 말들이
난무한다

왁자하게
뒤엉켜
어지러운
덧말들

더 이상
해독할 수 없어
덮어 다시
말을 건다

쑥국

어제는 봄꽃 터널로 내가 빨려들더니
오늘은 내 목 터널로 봄이 빨려들었다
봄에는 봄의 것들을 먹고 봐야 제맛이다

쑥쑥 자라 쑥이라더니 어느새 먹는 쑥국
저녁상 국 한 그릇에 밥 한 그릇 뚝딱한다
아내는 보는 것만으로도 입꼬리에 봄이 왔다

첫술 떠 넣는데 쑥 향기 너무 진해
쑥국 쑥국 울음소리 귓가에 들리더니
정신 줄 놓아버리고 나는야 새 됐다

별똥별
– 호킹 박사를 추모하다

보이는 게 보인다고 모두가 아니듯이
안 보이면 안 보여 의미 없음 아니다

존재는 거짓 중 하나
내게 던진 화두다

누구나 죽는다는 걸 남을 통해 익히지만
내가 죽는다는 것은 '모르는 체' 살아간다
모르고 살아가는 게 오히려 절망인데

밤하늘 네 주검이 총총히 빛나는 건
남은 자에게 보내는 마지막 작별 인사
불살라 한순간이라도 사랑할 수 있다면

超新星을 보다
- SN 2016gkg*

자물쇠를 수리해도 꿈만큼은 하늘 높아 밤하늘에 걸어두고 당신 올까 기다린다
 -행운은 소망하는 자의 몫, 간절함의 열매란다

지구로 보내온 가슴 설레는 SNS 머나먼 길 단숨에 온 찰나 중 찰나이다
 -단 한 컷 스틸했을 뿐 그리 감격하지 마

그 무게가 2016g인지 또는 무려 kg인지 단위는 중요치 않아 단지 복권 확률의 수
 -세상사 대박 혹은 꽝 그건 두고 봐야 알 일

우리는 당신의 후예, 졸이며 기다렸는데 나고, 살고, 사라지고 인생 흥망성쇠 같아
 -거기는 신의 나라라 다만 머리 조아릴 뿐

* 아르헨티나 자물쇠공이 2016년 9월 집 옥상에서 40cm 망원경으로 초신성 폭발 장면을 첫 촬영 했다.

두 자루의 만년필

인생에서 날 만나준 두 자루의 만년필
일어서란 축하와 채찍이 갈마들어
미라의 끈 풀어 헤쳐 밤을 홀딱 지새운다

휘갈기듯 던진 단어와 부딪치는 감정들
그 속에 숨겨둔 장치들의 삐걱거림
만년필 써 내려가는 부드러움 배우고 싶다

나도 또 누군가에 줄 수 있기를 바라
떠받치고 안아주는 손이 되고 가슴 되어
서랍 속 서성이면서 그 기쁜 날 기다린다

대금 大笒

저만의 보법으로 허공에 길을 낸다
뼈대만 남겨둔 채 자신을 다 비워야
꼿꼿한 어둠을 뚫고
꽃, 꽃으로 핀다

새털처럼 어깨에 앉아 세상 문 여닫는데
빈 숲 가로질러 와 바싹 당겨 앉는 소리
흰 눈이 내리는 거다
낙엽이 지는 거다

울음도 결이 있네
가슴, 가슴 울리는

당신은 사라졌지만 살에 뼈에 스며 있어

득음한 바람으로 오는
영, 영 지지 않을 꽃

물고기가 그려진 화분

부용 다육을 가득 싣고 매어둔 일엽편주
이생과 저승을 오갔을 배 옆구리에
한 방울 물이 없어도 물고기는 헤엄친다

태고부터 그 자리 지키고 있었던 양
붙박인 제 자취를 음각으로 새겨두고
미동도 하지 않고서 유유자적 흐른다

미세한 바람에도 이리저리 흔들리던
분주하고 고단한 삶 도시를 버려두고
강물에 조간釣竿 드리우고 오늘 너를 낚고 있다

들꽃

이름이 뭐였더라… 입안에 맴도는 너
눈길 받지 못해도 산길 들길 흐드러져
오히려 서럽지 않네 하냥 웃고만 있는

가늣한 어깨라도 서로 믿어 기대주며
이 땅의 풀뿌리로 거친 산하 지켰거니
너 없는 삼천리강산 헐벗어 서러울 터

밟혀 뽑혀 뒤집힌 평생 그래 살았어도
절망일랑 모르고 꺾인 허리 다시 펴네
내 아비, 그 아비같이 질곡을 넘어 사는,

혀 1

1.
꼬여서 아름다운
필름마저 끊겨버린

비 젖는 거리마다
그리워 서성이는

달콤한 요령 울릴 때
촉수 곤두서는,

2.
열려야 쏟아진다
거짓이거나 진실이거나

새빨개야 더 믿는다

확신에 찬 위장이여

경계는,
튀기는 파편
자가당착 빠지지 않기

3.
그대여 닫지 마라 금 아닌 침묵 앞에
묵은 것은 외려 썩어 악취 진동할지 몰라
나만의 주문을 왼다
"열려라 참깨, 참 깨!"

혀 2

쉬이 열리지 않는 난공불락의 거기
깨물어서라도 지킨 네 안 은밀한 성
깊숙이 뿌리박아 둔
꿀보다 더 달콤한,

콧대 높이 세워도 네가 콧대 아닌데
너는 참 새침하다 차암 내 처참하다

저물어 모두 돌아가는데
아직 거기
꼭, 꼬옥

끝내 못 봐 돌아선 지친 어깨 너머로
철옹성 흔들리며 삐걱, 그녀 문 여네

옴om처럼 일갈하는 저
끈끈한 말
"혀!"

혀 3

"뜯었어"라 고쳐줘도 매번 그게 안 되네
"떠덨어"라 말하는 남부 지방 친구 하나
'으' 발음
비집지 못해
'어'라, 밖에 못 하는

말랑할 때 익힌 말은 푸는 법 알지 못해
머리로 안다 해도 몸이 따르지 않네
굳어져 의미 없음을 뼈저리게 알아가는,

오늘도 혼자 앉아 뒷머리 쥐어뜯어
몇십 번 반복해도 "떠덨어, 떠덨어"
혓바닥
깁스를 했네
자꾸만 '떤'고 있는,

애도 哀道

 어깨를 짓누른다, 몰려오는 먹장구름 빗길 가로질러서 차창에 비, 치는데
 후리듯 부딪치면서 날아가는 그 무엇

 백미러 스쳐 가는 희미한 그림자 하나 생각을 되감으면 비에 젖은 날개 하나
 살았나 죽진 않았을까 경계에서 먹먹하다

 왜 하필 이 빗속을 너는 날아온 걸까 왜 하필 이 빗속을 나는 달려간 걸까
 왜 하필 너와 내가 빗겨 생사를 걱정할까

 억수로 비가 온다, 납덩이같은 비 나아갈 수 없을 만큼 젖어 비척거릴 때
 불귀로 걷는 주검을 비만 애도 哀悼할 뿐

그래, 나는 뜬다

날마다 일어서라 하늘에 거는 주련柱聯
사는 게 험한 산맥 넘는 듯 버겁지만
새날은
새 하늘 새 땅
다시 힘내라는 깃발

요요히 손가락 펴는 혈맥이 스며들어
어둠 속 짓눌렀던 어둠을 살라먹은
새물내 묻어나는 꿈 거리마다 펄럭인다

매양 뜨는 거라 수군댈지 모르지만
얼굴 시뻘겋도록 치열하게 사는 거다
명줄이 붙어 있는 한
그래, 나는 매일 뜬다

봄볕

물오른 가지 물고
나절을 씨름하다

지켜보는 눈꺼풀에
한 됫박 퍼붓는다

아뿔싸,
깜박 졸던 새
씨름 한판 끝났다

겨울, 어느 항에서

겨울로 간 밤바다는 뭐랄까… 궁금했다
거친 숨 몰아쉬며 바다 끝을 건넜을 때
항구에 지친 몸 누인
후미를 후려쳤다

회 한 접시 시키고는 묵묵 술만 마셨다
도다리는 곁눈질로 설핏, 바다를 훔쳤고
삭풍에 시린 옆구리
아내도 말이 없다

늙은 부부의 정사는 정사가 아니라고
야사가 외려 설워 온밤 뒤척이다가
바다 밑 무겁게 누른
적막쯤 잠들었다

겨울에 뿌리박은 거울 같은 바다에도,

거적 쓴 채 기적 꿈꾼 어물 없는 바닥에도,
바투는 아니더라도 봄 왔으면 좋겠다

이명 耳鳴

매미가 찾아왔다
달팽이랑 친구 먹어
눈치껏 깨금발로 숨어든 곁방살이

쉼표도 하나 찍지 않은
긴– 긴말 나누었다

찾아오긴 쉽지만 나가긴 쉽지 않아
잘못했어요, 용서해요
눈물 뚝뚝 떨구지만

어둔 길
닫혀버린 문
내 안의 짧은 굴형

오신다기에

나무는 나무에다
목화 곱게 피우고

들판은 들판에다
솜이불 곱게 펴고

그것도 모자란다 싶어
마음,
자꾸 얹는다

가을비

여름이 가던 끝에

부아가 났나 보다

실핏줄 터지도록

시울이 벌게졌다

이러다

가을 불 번지나

온 산 다 타겠다

2부

소녀상을 그리다

호골산* 정상에서 만난 때 이른 진달래야

얇은 볕에 피었다가 넋까지 얼었구나

꽃 필 날 아직도 먼데 홀로 봄을 꿈꾸었나

열서넛은 되었을까… 떨리며 톺던 동공

세태에 발가벗겨 파르르 깨문 입술

툭, 하고 건드리기만 해도 쓰러질까 애달프다

몰아치는 삭풍이 내 볼살 에는데

저리 여린 꽃잎은 잔설을 견뎌낼까

한살이 산다는 것은 홀로 서는 아득한 길

* 경북 봉화에 있는 야트막한 산.

낯선 소리

대체 누구일까 화장실에 숨어 있는
꺼이꺼이 젖은 소리 내 귀에 걸어두고
밤새워 울부짖는다, 지치지도 않는지…

굶주림에 떨고 있나 물만 자꾸 핥는데
먹어도 또 먹어도 채워지지 않는 허기
입때껏 누굴 기다려 목이 저리 잠겼을까

그건 그리움일 거야, 저만 홀로 남겨진
불 꺼져 칠흑보다 어둔 방 웅크린 채
아슴풀 지는 박동에도 애절하게 부르는

염통에 새겨 있다 일어선 기억 하나
수렁에서 못 헤날 때 잡아주던 따뜻한 손
좌변기 뚜껑을 열어 그 소리에 손 내민다

물그림자

물 맑아 물그림자 어리는 게 아니니
세상 진창 섞이다가 때때로 후회하며

잠잠히 받아들일 때
은혜로 내리는 거

물 흘러 물그림자 어리는 게 아니니
탁류 따라 떠돌다가 제자리 그리워야

그예, 다
내려놓으며
감사로 그리는 거

가슴에 사는 새

사람마다 새 한 마리 품고 살아가겠지만
어느 한 가슴에서 저토록 힘겨운가
비상은
버릴 수 없는
산 자의 꿈이기에

허공을 가로질러 낙하한 저 새는
제 심장 쪼아 먹어 앓다, 앓다 쓰러지더니
스스로 몸을 던져서
놓아주려 했던 게다

해를 살라먹으려 높이 날던 이카루스도
뜨거운 피 삭여줄 둥지가 필요했어
드높은 비행을 위한 영원한 안식이여

영면으로 놓아준 꿈속의 그대 파랑새

만신창이 남겨두고 영혼만은 순결하니
다시는 꺾이지 않을
날개 활짝 펴 날다

깃털 하나

처진 하루 짊어지고 제 속으로 돌아설 때
어깨에 폴,
내려앉아 발걸음 멈추게 하는…

천산가?

나 좋은 대로 읽는
착각은 주관식

이 하나면 어디든 훨훨 날 수 있겠다
밤마다 꿈의 핏줄 더듬던 하늘의 끝
거기서 내려다보면
고향 집,
내 어머니

힘겨운 이 만나면 날개를 빌려줄까
그도 함께 이처럼 어깨 가벼워질까

구름 위,
손 맞잡으면
햇살
참 따습다

봄의 노도

단디 짜매놨는데 어허, 이거 봐라
꽃물을 틀어가꼬 콸콸 넘치뿌네
우짜노,
넘치는 또랑
벌어지뿐 홍매화

매매 삐댔는데 어허라, 이 봐라
그 두께를 비집고 들불로 번지뿌네
우야꼬,
뻗친 힘줄기
튀나오는 나새이*

* '냉이'의 방언.

회전의자

새 한 마리 사나 보다, 깔고 앉은 의자 밑에
그 모습 가뭇없어 목소리만 살아 있는
몸 살짝 비틀 때마다
삐양대는 울음소리

함께 대낀 세월 속에 눈치만은 구 단이라
목청 없이, 나섬 없이 쫑알대는 저 말대꾸
불 켜진 책상 너머로 궁금한 듯 서성인다

나도 한때 귀 어두워 남의 말 외면했지
내 아픔만 아프다고 뭉크의 절규처럼
그 소리 이제야 듣네
남의 가슴 다 찢은 뒤…

편향偏向

바닥에 바짝 엎뎌 얇게 썰어낸 시선
광어나 도다리나 내 눈에는 한가지
비뚜로 바라보는 건 어디나 매한가지

이쪽 혹은 저쪽에 서길 강요할 수 없다
겁 좀 났다는 게 비겁한 건 아니잖아
물길 속 눈알 번득이며 뭇 눈결 휘몰린다

증류수엔 물고기도 물이끼도 살지 못해
조금은 헐거워야 비집을 틈 있는 거
때때로 비워내면서 흔들리며 사는 거

빨래 1

뒤질 게 더 있나 보란 듯 팔 벌린다
봄볕에 탈탈 털어 더 이상 죄 없어도
한 반쯤 허릴 접어서
겸손 잊지 않는다

빨 때부터 내외하는 빨래도 더러 있고
못 헤어져 엉겨 붙는 빨래도 때로 있다
빨래도 제 주인 닮아
하는 짓이 뻔하다

가끔은 돈세탁도 소문 없이 해치운다
이보다 떳떳하게 세탁한 돈 있을까
무시로 이런 횡재면
자주 빨래해야겠다

빨래 2

나직이 떨려오는 봄의 잔치 신명에
뭐라 뭐라 외친다 팔다리를 흔들며
그러다
나가떨어진다
볕
의
무
게,
버겁다

울담 너메 산 너메 산새 소리 건너와
봉긋 오른 젖무덤에 불 지르는 저물녘
또 몇은 걸려 넘어진다
놓아버린,

정
신
줄

설수雪水

비 온 뒤
벌거벗어 하늘 문 겨울 수목
길 잃은 가지 끝에 맺히는 순수 공간

뜨겁던 생명의 줄기 품고
거꾸로 매달린다

투명한 밀실에는 숲을 위로 올려놓고
하늘을 굳게 딛고 검잡아 버티다가

하, 이별
얼부풀다가
땅으로 낙하한다

아니다
거기에 오롯 담은 염색체
갓맑은 흙에 스며 뿌리로 전사轉寫하고

나무는
우주의 실체
씨앗에 압축한다

물아 物我*

하루치 부끄러움 끝내 막다 지친 저녁

짓눌려 처진 어깨 휑한 벽을 버티다가

찌들은 삶의 흔적 안고 빨래통에 쓰러진다

함께 슬픔 겪은 자만 눈물 닦아줄 수 있듯

둘만 아는 허물들 한데 엉겨 거추하고

땟국물 털고 씻어내 문채 文彩로 널어두면

사위로 내리쬐는 한 움큼의 열정과

바다 건넌 뭍의 시혼 몇 구절 감치어서

가슴에 차곡차곡 재운 내일이 외연하다

* 1. 바깥의 사물과 자아. 2. 객관과 주관. 3. 물질계와 정신계.

대竹

때로는 마디 닫아 꿈 접는 일도 있지
그렇대도 낙심커나 포기하긴 이르잖아
끝끝내
그 벽을 딛고
다른 색 꿈 키워봐

—바람 가로지르는 간절한 아우성
하늘로 써 올리는 초서체 긴긴 문장
정화수 떠놓고 빌면 거기 가닿을까요

마디마다 영근 방은 네 한 생애 흔적인가
한 번쯤은 공허하게, 또 몇 번은 꽉 채워서
그 안에
뭘 담을 건가
마음먹기 달렸어

또 다른 이력서

미끄러, 지는 것은 빗방울만 아니니
매달리고
올라가려 그렇게 기를 쓰고
절절한
목청 돋워도
다 써내지 못한다

한 걸음씩 밟아서
살아온 길이기도

남의 걸음 밟아야
살아내는 길이기도

하물며, 꽃향기보다
피 냄새가 진한 데에야

몇 번이나 되뇌어야 노래 끝에 닿을까
때로는 방황해도
방향만은 잃지 말길

하지만
그리 울는지,
눈물 젖은 빵의 이력

제주왕나비*
―〈군접도群蝶圖〉**를 보며

나비가 훨훨 날아 난바다 건넌다는
거짓 같은 진실을 보아야만 믿는가
화폭에
먹물로 그린
뜨거운 그를 읽는다

피곤한 날갯짓 멈추지 않는 것은
왜 가야 하는지 아는 것, 그것이 힘
이저리 방황한대도
결국은
방향이다

여려 찢긴 날개를 바람에 맡기고
가없는 바다라도 막을 수 없었던 꿈
보아라,
용솟음치는

무리 지은

저 비상飛上

* 제주에서 겨울을 나는 제주왕나비는 겨울이 끝나면 한라산을 넘고 남해를 건너 육지로 올라온다.
** 19세기 화가 남계우의 대표작. 국립중앙박물관에 소장.

고해告解
– 목욕탕에서

수치를 발가벗겨 대중을 마주한다
이렇듯 까발리고 당당한 적 언제였나
수증기 희뿌예짐이 그나마 위안이다

증언의 실체가 탕으로 스며들면
숨겼던 부끄러움 스스로 부풀려서
타월로 빡빡 발설한다, 한 점 의혹 없도록

한 번의 고백성사로 의인일 순 없지만
내일 또 죄속성罪屬性이 소리 없이 자라겠지만
겨드랑 가려워지며 둥실, 몸이 가볍다

복수초

한라산 산허리쯤 언 땅 뚫고 나오는 꽃
이 강산 봄소식을 가장 먼저 고하는 꽃
키 작아 잔설에 묻혀도
여럿 함께 외치는 꽃

이름은 행복하나 숨겨둔 슬픈 전설
한 두엇 아픈 사연 품지 않은 이 있을까
그리운 아도니스여,
아직 산을 헤친다

눈 속에 핀다 해서 복수의 불 지피진 않아
복福과 장수長壽 꿈꾸어 눈을 살라먹은 꽃
어쩌면 당신 같을까
아주 곁에 두고 싶은,

휨에 관하여

1.
과녁 향해 흔들며 휘어 나는 화살처럼
잠든 대지 깨우며 휘어 나는 햇살처럼
사랑도
그처럼 휘며
끌리며 다가서는 것

곧게 가길 바랐던 세상 그 어떤 일도
마음이 흔들리며, 갈등하며 그렇게
휘면서, 비틀거리면서
조금씩 나아가는 것

2.
휘어지지 않았다면 부러졌을지 몰라
멀어지려 하는 마음 당기며, 다잡으며

입초리
배시시 올려
달큰하게 사는 것

2월 말, 눈 내리다

1. 기대
밤사이 오시었다 하얀 아침 빛난 거리
포근한 날씨 중에 하늘이 내린 선물
새 학기 기다리고 있는 새내기 마음 같다

2. 젖줄
봄 기다리다 갈라진 강과 들을 적시고
목마른 들풀들에 어머니 젖줄 같아
움트는 봄꽃 망울에 토실토실 물오르겠다

3. 혼돈
치매 검사 하던 중에 지금 계절을 물었는데
할머니 자신 있게, "지금이 봄이지 뭐야?"
일순간 머뭇머뭇했다 '겨울인가, 봄인가?'

중환자실

멈춰버린 삼라만상 빈 적막에 휩싸일 때
시간만은 뚜벅뚜벅 제 밤길 걸어가고
헐렁한
수도꼭지 홀로
'똑, 똑' 듣는 물방울

물 알갱이 초침에 맞춰 사방팔방 쏘아대
내 심장에 아린 멍 청동 비수로 꽂히면
비로소
하얀 밤 시트 위
'뚝, 뚝' 지는 붉은 꽃잎

그 소린 지금도 절규하는 불망不忘의 눈
난 슬픈 영혼들의 진혼곡을 불러볼까
피 쏟는
심장 껴안은 채
달래는 불면의 밤

단풍

1.
물, 들어간다
깊이 배어
물, 뚝뚝 떨어…진다

산마루 거기서 물
철철 흘러내리는 물

누굴까?
온 산에 부어
붉은 혈맥 돌게 하는,

2.
가을 산에 마음 뺏겨 지상으로 내려온 별

하늘이 너무 깊어 다시 오르지 못하는 별

눈시울 붉게 젖는데

외려 불 지르는 별

얼음꽃 3

꽃이라는 이름으로 잡아둘 수 있나 봐라
끝내 가야 할 길이면
가는 거다, 뚜벅뚜벅

그날은
속히 오리니

백 년이든
천 년이든

낙화 落花

떨어지는 건 비우는 것
원래대로 되는 것

빈손으로 왔다가
제자리로 가는 것

뭔 욕심
그리도 많아
차마 놓지 못할까

다 두고 간다는 건 마음도 둔다는 것

마음 두고 간 자리에 그리움이 차는 것

마침내 떨어진 거기 緣이 結로 맺는 것

3부

비

빌고 또 빌었더니
비다, 드디어 비다!

빈 못에 빈 논에 비스듬 내리는 비

비었던 가슴팍 바다
도랑물 들듯 하는 비

바라기는, 바란 만큼 비단결 같은 비여
비 맞는 거랑 곁에 가슴 뛰는 beat 소울 疏鬱*

푸드덕!
나는, 비둘기
B 선생의 알이야

* 답답한 마음을 풀어헤침.

대서 大暑

1.
크게 펼쳐 **大敍**일까
두드러져 **大書**일까

남이 써준 **대서代書**
덥석 받으면 곤란

자고로
공짜는 없는 법
땀 흘린 **데서** 보람 온다

2.
연일 신문들도 무더위로 **대서**특필
이렇게 무덥**대서** 넋 놓을 수 없는 일
大西洋 너른 바다로

풍덩 빠지면,
그럼 **됐써**!

분주犇走
−투우사의 노래

뿔, 뿔이 흩어진다
다, 달아나고 없다

휘날리는 붉은 망토
정수리 겨누는 칼

외양간 비어버렸다
그제야 고칠 수 있다

열(十) 명이 정의라 해도
필부(疋父)는 필부匹夫일 뿐

짧든, 혹은 길든
앞만 보고 달려온 길

왜 바삐
뛰어왔을까
0zero는 재로 남을,

태풍颱

잠잠한 바다 한편
조그만 놈 일어서더니

내 입(口)에 마늘(厶) 냄새
궤(几) 밑에 벌레(虫) 새끼

모든 걸 쓸어가 버릴
거센 바람아
휘몰아라

어느 산골에서는 물싸움에 총기 살인
어느 동네에서는 술 싸움에 토막 살인

모조리
쓸어버려라

간절한 건

寸鐵殺人

눈물淚

비가 오면 집집이 엎딘 개 짖어대더라

가슴이 쓰는 언어
물(氵) 어그러지는데(戾)

누하淚河를 건너는 이여
뒤돌아보지 말고 가라

샘물인 양 펑펑 솟아 네 앞길 어룽대도
보내야 한다면야 누흔淚痕도 남기지 말고

가는 길 시원히 가라,
끝닿는 어디라도

가자미

삼척 시장 단골집에서 가자미를 사 왔다
노릇하게 구워낸 놈 뼈를 발라내는데
속눈썹 뽑혀 나가듯 또각또각 부러졌다

—가자민서, 괜찮으니 그냥 어데 떠나자민서
훌훌 벗어던지뿌고 눈물마저 던지뿌고
바다만 보마 된다꼬 성큼 보따리 싸더만…

삐뚜로 보는 것이 다 풀린 건 아니지만
밥에 슬쩍 얹어주며 겸연쩍이 손 내밀 때
야들한 속살 한 점이 혀끝에 녹나 보다

ㄴ

사자死者와 산 자의 경계는 오직 ㄴ
현재 내가 살아 있음 보증하는 받침 하나

저 계단
내려서게 되면
아득한 나락일 텐데

사자를 위한 ㄴ물은 산 자만이 갖는 특권
떨어진다, 멀어진다, 연연히 사라진다

생사의
나눔선에서
ㄴ
덧입기

대게의 추억

당신과 게 잡던 날 더 게잡게 느꼈었지
벌건 다리 걷어붙여 시뻘건 게 콩닥콩닥
파도에 한 벌 다 젖어
벌벌 떨던 게 다리

사랑한다 새긴 팻말 쓰러진 지 오래지만
도발하는 빨간 입술 끓는 피를 다 빨아
낯빛이 창백했었지
백사장 걷던 낮달

지친 다리 꺾어서 뽀얀 속살 드러나면
체면을 구개에 넣은 게걸이 맛만 좋아
대게는 그렇고 그래
비빌수록 고소한 추억

미루지 말아야

야콘 깎아 오래 두면
쉬이 변색하더라

약혼하고 오래 끌면
때로 변심하더라

미뤄둔
버킷리스트도
흔히 변질하더라

사과도 오래 두면 쉬이 변색하더라
사과도 미뤄두면 점점 어색하더라

아, 먼저
내미는 자의
아름다운 사과여

추분 秋分

1.
네가 선 딱 그곳이 사자와 처녀 사이
넌 남방을 향하는데 난 북녘을 떠도는가
찰나로 스쳐 만났다 이별하는 꼭짓점

2.
추분 거야? 내게로 와
내 품을 나눠줄게

추근대지 마시고 가만 계셔보세요

이제사
밤 깊어졌어요
자분자분 오셔요

다리

다리에 **다리***가 와서
달리 할 말 없지만

달리는 말주변이라
말이나 **달릴**까 보다

달링은 아닐지라도
손 꼭 잡아 **달리**다굼**

* '다른 이'를 뜻하는 경상도 방언.
** "소녀야 일어나라"(마가 5 : 41)라는 뜻.

자위

헌신을 헌신짝처럼 남발하던 그 남자
남 발 앞 바짝 엎딜 때
반짝, 스친 슬픈 눈빛
하나쯤 빚지지 않은 사람 어딨냐며 자위한다

자尺 위에서 자의대로 자유로울 수 있을까
자~유? 물어보면 벌써 곯아떨어진 걸
저이도 바싹 곪아서 괜히 마음 짠하다

짠 음식 피하라지만 그럼 뭔 맛으로 먹냐
그림만 그리다간 숟가락마저 놓을까만
사는 게 내려놓는 거라 또 한 번 하는 자위

오언烏焉

1. 앵글

앵글angle이라 쓰였는데
엔젤angel이라 읽는다

가득 담을 수 있는 거나
가슴 안을 수 있는 거나

미명에
설핏 보는데
넉넉한 품,
같다

2. 날계란
날개란, 둥근 거라 우기는 사람 있다

두 눈 똑똑히 보고 말하는 거라 했다

깨트려
뜨거운 국물에

난분분,
날아가는

사바娑婆

사바사바하는 거나
사바하 비는 거나

시비를 거는 거나
시를 하나 쓰는 거나

어느 것
그냥은 없다
출렁이는 고통의 강

모래沙 같은 중생들이
파고波에 휩쓸리는

한 여인女의 품을 떠나
한 여인女의 품에 안겨

빈주먹,
빈껍데기로
건너가는 통고의 강

속새

햇빛과 그늘 사이 노랗게 피어난
빽빽한 꽃잎, 꽃잎 화살 소복 꽂히어
여름은 익어가더라, 지치지도 않더라

어머니가 들에 나가 한 소쿠리 캐 와서
조물조물 주물러 저녁상에 올리셨다
어린 입 씁싸래한 맛 정수리에 남아 있는

인생의 쓴맛을 제대로 알고 있는 꽃
속세에 살면서도 웃음 잃지 않는 꽃
온 들판 잡초로 펴도 비굴하지 않은 꽃

영감

우리 집 영감은 날 좋아하지 않나 보다
도무지 집 나가면 들어올 줄 모르고
어쩌다 돌아온 날도
그냥, 데면데면하다

"이노무 영감탱이 들어오기만 해봐라"
말은 그래 해도 들어오면 반길 낀데
아직도 깜깜무소식
살았기나 할라 몰라

기별을 넣어볼까 수소문해야 하나
이 생각 저 궁리에 밤을 홀딱 새워도
뾰족한 수가 없으니
원고지가 하얗다

산수유

1.
노랗다, 하 노랗다
바라보는 눈빛도
촉수 곤두세우고 더듬고 있는 너는
향기에 코 벌름대며 스며드는구나, 너는

멀리 산비둘기 구구
구구단을 욀 때
화창한 봄날이라 벌 나비 서두르는데
꿈결로 자울자울 너는
어디로 가는 거니?

2.
산수유? 난 몰라유
난 셈도 잘 못해유

그래도 때를 맞춰 잘도 잘 피지유
남들이 날 올려다보며
신수가 훤언하대유

3.
나 너를 찾아가리
너울대며 찾으리
띠띠미 외따른 골 노랗게 짙어진 골
비 내린, 노란 비 내린
밤 이슥
지기 전에

ㅅ

1.
사람 사는 사이에 ㅅ이 없었다면

뻣뻣한 막대기 둘
벌써 넘어지고 없지

누가 좀
다리 짧더라도
서로 기대 사는 거야

2.
속삭이는 귀엣말 사랑으로 살쪄가고
사모하는 가슴 가슴 시어로 살아 오면

ㅅ은

생명을 잇는
시냇가에 심은 木

ㅎ

1.
하루하루 하다 보니 하, 이만큼 했네
하찮은 일이라도 혼신을 다해야 해
하늘도 허락하셨네
'ㄱ'에서 'ㅎ'까지

2.
해만 바라보더니 해만큼 큼지막해
해까지 닿으려나 해뜩거리면서도
해같이 하냥 웃고 있네
해, 해, 해
해, 바라기

3.
하고많은 호응 중에 웃음만큼 다양할까
하하하 호호호 히히히 헤헤헤

한목에 묶어 말하면
그냥 이래,
ㅎㅎㅎ

심봉사처럼

마주 앉은 두 사내
오후 시간 죽이는데

휴대폰도 지겹나
거의 눈이 감겼다

누가 저
어린 중생을
구원할 수 있겠나

구석에 놓인 책자
뒤적뒤적하다가

맑은 소리 맑은 나라
낮은 곳 임하셨네

참소리
담아냈다는
"불법" 홍포지에
눈 번쩍!

사沙

흐르는 맑은 물(氵)에 네 어린 미소(少) 씻어두면
그 물이 다 마르고 밤길 하얗게 드러나면
까슬한 마음 마음이 파고드는 발가락 새

혹 저 별 초롱초롱 우릴 보고 있는 것은
몇백 광년 기다려 미리 온 눈빛일까
다시는 돌아갈 수 없어 여기 누운 별빛일까

모래톱에 누워 헤는
네 밤하늘 별, 내 모래알
별이 지듯 반딧불이 밤공기 가로 자르면
달빛에 어른거리네
우리, 젖는 이슬로

실향失鄕

장 본다고 잠깐 들른
식품 코너 야채 진열장

막내딸 혼잣말로 "추웠겠네" 말 거는데
수그려 자세히 보니 이름표 '추부깻잎'

그러게, 추웠겠네 고향 잃고 왔으니

뼈와 살 파고드는 찬 데 내몰렸으니

제 부모 품 안을 떠나 방황하는 홀씨 같은

설

설설,
끓어오르는
그리운 얼굴들

설설,
기어서라도
귀향하는 사람들

설설설,
풀어놓는다
애환 서린 사연들

4부

겸손을 배우다
-골다공증

그땐 너무 꼿꼿했어, 힘 부쳐 굽은 허리
내 어른들 왜 숙이셨는지 오늘에야 알겠다
뼈 새로
바람이 숭숭
인생 어느 가을 녘

한평생 짐 진 무게 가볍지 않음 알아
고개 쳐들어 못 보던 것 몸을 굽혀 줍는다
모른 채 밟고 지나쳤던
작은 벌레,
삶과 의미들

돌

1. 이석증
숨어든 달팽이가 툇마루 끝 뒤집혔다
허위허위 젓는 발끝 여린 속을 갉아서
모질게 돌아가는 세상 선명하게 새기는,

2. 서낭당
바위처럼 살라지만 발끝 채는 게 돌부리
박힌 돌은 허공으로 뿌리를 내리고서
저더러 엎디라 한다 돌무덤 만들어놓고

3. 데모
내가 나를 향해 심장 하나 던진다
—그런다고 변하겠어 꿈쩍 않는 바위 치기
—그러게, 쉽게 변할까만 그냥 돌 하나 없는 거

싸락눈

허구한 날 배곯기를 밥 먹듯 하던 시절
싸라기 쌀 한 포대 등에 지고 오시더니

굶주린
산과 들녘에
쏟아부어 놓으셨다

퍼석한 밥이라도 더 먹으려 덤비는 입
싸락싸락, 싸하도록 내리는 저 둔덕에

차라리
함박눈 펑펑,
고봉으로 쌓였으면

잠꼬대

저런 자식 낳아서 어쩌겠어, 한탄 섞인

어머니 잠꼬대에
가슴이 뜨끔하다

누구냐
물어보지만
모르겠다,
시침 뚝

행복했던 좋은 일만 꿈꿨으면 좋으련만

꿈속에서 싸웠대,
깊숙한 곳 찔리데

여생은
잘해드려야지
다짐하는 사람 있다

바로 곁에 누웠다가 가슴 뜨끔하든지
함께 자지 못해서 찔리는 구석 있든지
멀리서 가보지 못해 차마 눈물 흘리든지

사진 한 장

엄마에게도 젊은 시절 있었단 걸 잊었었다

빛바랜 시간 속에 분주한 여인이여

"오늘이 무슨 요일이냐?"

묻고,

묻고,

물으시는

수발

미음을 숟가락으로 떠먹이는 일이란
마음을 숟가락으로 떠먹이는 일이다

제대로
먹이지 못한
마음, 흘러내린다

입 크게 벌리지 않아 마음이 아프지만
조심조심 벌린 입에 미음을 떠 넣는다

제때에
먹이려 하는
미음, 쉽지가 않다

슬픈 눈

플랫폼에 내리는 눈, 오늘 내겐 눈물이다
주사 맞고 돌아오는 핏기 잃은 얼굴빛
만들어 애써 웃지만 밀려오는 구역증

기차는 우렁우렁 눈발 뚫고 달렸겠지
네 속은 울렁울렁 울렁증 달랬겠지
엄마는 울먹울먹한 눈 뜨개질에 달았겠지

후드득, 산꿩이 섧게 울며 날아갈 때
울어 울어 산 메아리 산등성일 넘어갈 때
어디 휜 나뭇가지가 눈 못 견뎌 부러지나

잠시만 누웠거라 어깨 진 짐 벗었거라
지쳤을 땐 눈 딱 감고 쉬는 게 사는 길
이 눈도 그치고 나면 밝은 해 떠온다니

칼국수

부드러운 면麵이지만 칼이라 부르는 건

정심正心을 콕, 찍듯 선연히 새기는 맛

풀어진 情에서 건진
칼 같은
엄니 음성

각혈하다

나무가 기침한다, 바람 드센 어느 새벽
눈 내린 땅바닥에 점점이 뿌린 선혈
앙상한 가지만으로 살아 있어 절규한다

시인은 기침하랬는데,* 눈에 대고 뱉으랬는데
아무 자취도 없이 밤 지새워 맑은 눈 위
반쪽만 남아 있는 달
말 없는 발자죽, 자죽

꾸꾸루꾸꾸, 가지에 앉아 돋우는 산비둘기
내 기도에 깊이 박인
마른 가지 흔들어

푸드득,

아침 해 뜨는 빈 하늘로
각혈한다

* 김수영 시 「눈」에서 인용.

쑥부쟁이

그립다 그립단 말 차마 못 해 돌아누운
어머니 허리쯤에 흐드러진 잡초 인생
허기를 달래주고서 소리 없이 이우는가

―아들이 보고자와 막 돌아댕기는 병 생겼어 무담시 숭 잽힐까니 쑥부쟁이 캔다고 댕개
마카 다 가뿔었어도 나는 요러고 앉았어

은하수 뿌려놓은 가슴팍에 피는 꽃
풍등을 띄워 보내 안부라도 전해볼까
어둑한 타향 길에서 뽀얀 얼굴 생생하다

―언능 보문 없는 것 같에도 긁어보문 숨어 있어
검부지 그 속에 뽀야니 덮어져 있어
집 가문 더 보고자운께 나는 요러고 있는 거

*《전라도닷컴》 2015년 3월호 「사는 이야기」 참고.

어떤 이별 1

당신의 손만 타던 저기 늙은 감나무
늘어진 가지마다 견딘 그 세월만큼
노을빛 붉게 물들어
홍시로 달리었다

원래부터 있었는데 뒤란이 왜 걸릴까
원래부터 붉었는데 석양이 왜 걸릴까
지금은 내가 올라가
홍시를 따고 있다

큰아들 둘째 아들 막내 같은 알알들이
주렁지게 매달려 저리 지쳐 굽었는데
작대기 후려치면서
눈물을 따고 있다

어떤 이별 2

어머닌 눈이 굵은 어미 소를 키우셨다
언덕보다 더 높은 꼴짐 끌고 오시면서
일바지 이슬에 적시어
워낭 소리 듣던 시절

자식 같은 소를 보며 오 남매 기른 정
꿈길조차 소 등을 긁어주던 어머니
마지막 여물 먹이며
마음 한 움큼 뽑는다

언덕배기 바람 딛고 일어서는 발자국
그렇게 굽은 등이 땅을 따라 걸으면서
우시장 팔려 나갈 때
치맛자락 훔친 눈물

이제는 거친 들판 거북 등 어머니 손

동산보다 더 높은 당신의 등 바라볼 때
하늘은 그날처럼 궂은
굵은 줄기, 빗줄기

아버지의 숨

가냘파도 놓지 않아 살아갈 수 있는 우리
한껏 차올라도 손으로 만질 수 없어
가만히 귀에 새기네, 나직한 숨소리 하나

목에 걸려 있어서 그 결 아득하기만 해
새록새록 먼 길을 아기처럼 따르시니
남몰래 훔쳐보면서
차마
말할 수 없네

놓지 마요 놓지 마요
그 숨 결코 놓지 마요

달려갈 수 없기에

동동 구르고 있지만

오히려
떠나시는 길
붙잡고 있지 않나

크게 불어젖혀서 응어리 풀어질까
아아히 치솟았다 밑바닥까지 내리꽂는
흥건한 당신 눈물이여
여기 하냥 젖을밖에

경운기

털털, 몰고 가는 누군가의 아비 있다
고개 넘다 힘이 부쳐 거친 숨 몰아쉬어
녹이 슨 마디마디에 쉰 바람 파고드는

젊은 한때 힘찬 박동 단숨에 넘던 길이
쉬이 올라오지 않는 폐에 박힌 삶의 무게
헛기침 수없이 해도 떼어내지 못하는

저리 안간힘으로 달려가고 있는 건
남은 삶 다 떨치고 툴툴 털어버리고
마침내 빈손인 채로 가야 함을 아는 걸까

달月

아내의 무릎에서 반달이 찢어졌다
덩그렁 누워버린 병상 위 달그림자
당신만 홀로 남겨진 채
오는 밤길,
어둡다

주마다 뜨는 달,
달 달 뜨는 달
달이 차고 스러지는 건 정한 일이지만
내 달이 저기 쓰러져 어둔 골방 떨고 있다

아침 회진, 담당 의사 전해주는 MRI 소견
반월상연골半月像軟骨 상처가 안정하면 낫겠단다
보름달 떠올라 오는
가슴, 가슴
환하다

끈
- 요양원 가는 길

굽은 등 어머니
허리춤에 둘러쳐진
외줄기 인생길 질끈 동이시고
한 그릇 갱죽만으로도
넘으셨던 보릿고개

새벽마다
눈물로 매달리셨던 그 자리
하늘에 이은 끈 결코 놓지 않으시어
지고至高한
그 사랑 입어
여태껏 춥지 않았네

해 질 녘
멍하니 먼 산 넋 놓으시고
"자고 가거라" 그 말씀 몇 번이고 뇌시니

정보다
들인 공보다
서러워 목이 메네

아버지의 농막

거미줄과 수풀로 뒤덮였던 외로운 섬
녹슨 괭이, 호미, 삽, 지쳐 돌아누웠고
바닥에 초청받지 못한 잡초들 무성하다

수십 년 회한들이 한순간 꺼내지고
고단했던 시대가 불길 속에 묻힐 때
엄두도 나지 아니한 힘든 허리 펴신다

저세상 떠날 땐 어차피 가지지 못할 것
너희들 첫 삽이 막힌 길을 트는구나
입가엔 미소 지으면서 이슬 맺는 눈가장

기침 소리

나의 폐포 그림자 밑 슬퍼 젖은 목소리

허리 굽어 힘겨운 듯 꿈틀하시는 아버지

사무친 그리움 품고 웅크려 계셨던 게다

이마에 새긴 이력 골이 깊어 못 감추고

재봉질로 봉하시던 침묵을 꿰뚫어

아껴둔 진언眞言 한마디 세상으로 올리신다

먼바다를 건넌 파도 까막바위 후려치듯

정신 번쩍 들도록 울리는 파동波動의 온기

뒤집힌 어제와 오늘 빙긋, 웃고 가신다

실직失職

손톱 밑 때만큼도 여기지 않더니
달랑 문자 하나로 밥줄이 끊겼다

까맣게
끼인 기름때
수고로움 알겠다

너로 가정 살았고 공장을 살찌웠고
너로 나라 부강했음을 나마저 잊었다

영광은 이제 끝났다
굳게 다문 현장이여

지워도 씻어내도 손톱마저 깎아내도

깊은 곳에 박혀서 지워지지 않으리
내 끓는 피와 엉겨서 지워지지 않으리

널 다시 까맣게 새길 날 돌아올까
그로 밥줄 단단한 동아줄 이어질까
손톱은 살아 있는 한
쉬지 않고 자라니

삼척의 봄

봄 익어가는 주말 오후 봄나들이 가잔다
이왕이면 잘 안 가본 어디라도 좋단다
일순간 건조한 가슴에도 바다 냄새 풍겨왔다

―새로 난 길 태백 거쳐 삼척이면 어떨까
―거긴 더 북쪽이라 아직 봄이 이를 텐데
―그래요, 안 가본 곳인데 바다라니 좋아요

탁 트였다, 푸른 바다
하늘과 맞닿아

출렁였다, 마음도
몰려오는 흰 파도에

걸었다,
또 한 페이지
추억 새긴 백사장

봄나물이 장터 할매 입담에 한 바구니
덤으로 얹어주는 훈훈한 인심 그득하니
비로소 파릇한 봄으로 점령된 걸 눈치챘다

바닷사람 인심이 후하기 때문일까
우리보다 한 걸음 해가 가깝기 때문일까
삼 척三尺의 깊숙한 봄에 이미 잠겨 있었다

거울 앞에서

언제나 가깝지만 까마득히 잊었던
흘러간 내 기억을 몰래 훔쳐보는 눈길
희멀뚱, 건너다보면
초로의 낯익은 얼굴

유리 건너 살아서 결코 다가설 수 없는
나를 가장 닮았지만 가장 반대에 선 이여
한 번도 목소리 높여
왜 나무라지 않는가

오늘 보니 당신도 참 많이 늙었구나
이마에, 눈 밑에 깊이 새긴 질곡의 세월
파뿌리
귀밑 가득한데
따라 웃을 수 있다니

또 얼마나 너와 나는 대끼며 살아갈지
그렇지만 오늘처럼 믿어주면 좋겠어
사는 게
별것 아니더라
그냥 웃어, 저편에서

| 해설 |

당당한 삶의 자세와 그의 시적詩的 위상位相

박영교 시인·한국문인협회 이사

최예환 시인은 의사로서 의학박사이며 봉화제일의원 원장이다. 그는 영주문예대학 7기생으로서 열심히 주경야독했다. 그의 문학에 대한 열정, 시조 창작에 대한 열정은 그를 더욱 화려하게 문단文壇에 등단시키는 요소가 되었다.

제29회 신라문학대상(시조 부문)에 당선했으며 한국문인협회 기관지《월간문학》2018년 2월호에 등단했다. 그리고 계간 시조 문학지《좋은시조》2018년 여름호에도 등단하여 자신의 실력을 다시 한번 검증받았다.《좋은시조》2019년 여름호에서는 우리나라 시조계에서 쟁쟁한 시인들과 함께 신작 시조 열 편으로 소시집小詩集도 꾸몄

다. 신인으로서 현대시조계에서 그 입지를 당당하게 굳혀가고 있다. 현재 그는 시조 작품을 넘치도록 써놓아, 등단 이후 시조집을 이렇게 빨리 낼 수 있게 되었다.

최 시인은 크리스천으로서 교회 여러 분야에서 봉사활동을 할 뿐만 아니라 문학인 선후배 간에 문학적 교류도 왕성하다. 이는 지역 문학 활동이 날로 번창할 수 있도록 하는 데 동기부여가 되고 있다.

이번 작품집에는 90편가량의 작품을 실었다. 제1부와 제2부에서는 일상에서 만나는 주변 잡기와 자연을 이야기했고, 제3부에서는 한자의 파자破字와 동음이의어, 한글 자음의 응용 등의 작품을, 제4부에서는 가족과 부모에 대한 마음을 담았다. 최 시인은 단형시조로부터 두 수 연시조, 서너 수 연시조를 골고루 발표하고 있으며 그의 단형시조 뽑는 솜씨는 다른 연시조에 비해 단연 돋보인다.

최예환 시인의 작품을 만나보자.

봄은, 드는 게 아니라
반듯이 세우는 거

그 두께를 이겨낸
당신을 반기듯이

쓰러진
그리운 것들
반드시 일으키는,

비웠을 때 오히려 내일이 넉넉한 거
씨앗 속 들여다보면 이 강산 푸르디푸른
청靑사진
하나 품었다가
넉넉하게 펼치는,
―「입춘立春」 전문

 최 시인의 작품은 언제나 싱싱한 푸른 나무와 같다. 이 시도 시원하고 싱싱하게 느껴지는 작품 중의 하나다. 봄은 "드는 게 아니라" "세우는 거"라고 했다. 사람이 살아가면서 넉넉하게 살아가야만 좋은 일상이 되고 마음도 너그러워지는 것이다. 우리가 어디에 가 살아도 햇볕을 받지 않고는 살 수 없다. 자연의 섭리가 그렇고 계절의 변화도 그렇다. 절로 오고 절로 가는 데는 인간의 초조한 마음이 필요 없다. 다 비우면 채워지는 것이다. 새로운 씨앗으로 새로운 세상을 푸르게 가꿀 너그러움을 표출하는 것이 바로 시인의 입춘이다.

한데 널어둔 빨래 서둘러 걷다가

아서라, 그냥 두자 봄비에 푹 젖도록

혹 알아
거기 싹 터서
꽃 피고
새가 들지
-「봄비 3」 전문

 최 시인은 봄비에 대해서 너무나 관대하다. 그도 그럴 것이 기나긴 산촌의 겨울에 얼마나 움츠려 있었으며 그 기나긴 추위 속에서 얼마나 오랫동안 기다려온 봄이었겠는가? 봄비를 통해서 이 지역의 모든 억압당하던 아픔과 삶의 그리움이 추위에 묻혀서 생활의 위축을 받았겠는가? 그 아픔을 단비를 통해 풀고 싶은 심정일 게다. 이 작품 종장은 일품이다.

 남해 청정 바다에서 갓 잡아 말렸다는

 멸치 파는 트럭에는

고성이 분주하고

물별을 물고 있는 입

아우성이 아직,
짜다
-「멸치」전문

 단형시조의 생명은 종장이다. 물론 초·중장도 그 구성 관계가 앞과 뒤를 받쳐줘야겠지만 단연 종장이 생명력을 가져야 한다. 최 시인의 시조에서는 단형시조가 돋보인다. 그가 쓴 세 수 또는 네 수의 호흡이 긴 작품들도 좋지만 단형시조에는 시인 자신의 시적 생명력을 확실히 갖게 하는 힘이 있다.
 우리가 고시조를 통해 옛 선조들의 체취와 생활 풍습, 언행, 그리고 시대상까지 느낄 수 있듯이 현대시조 속에서도 우리의 발자취와 생활의 단면을 떠올릴 수 있으며 그런 면을 형상화하고 있음이 분명하다. 우리는 그것을 통하여 시대를 분명히 알고 바로 볼 수 있는 마음을 이야기하고 또 그 노래로 인해 민족의 횃불을 보는 힘을 싹틔운다.[1]

어제는 봄꽃 터널로 내가 빨려들더니
오늘은 내 목 터널로 봄이 빨려들었다
봄에는 봄의 것들을 먹고 봐야 제맛이다

쑥쑥 자라 쑥이라더니 어느새 먹는 쑥국
저녁상 국 한 그릇에 밥 한 그릇 뚝딱한다
아내는 보는 것만으로도 입꼬리에 봄이 왔다

첫술 떠 넣는데 쑥 향기 너무 진해
쑥국 쑥국 울음소리 귓가에 들리더니
정신 줄 놓아버리고 나는야 새 됐다
-「쑥국」전문

  봄철 입맛을 돋우는 봄나물로는 냉이, 달래, 쑥 등이 있다. 그중에서도 쑥은 국으로 끓여 약으로도 먹는다. 최 시인은 작품 「쑥국」을 통해서 언어의 음성에 대한 묘와 언어의 뜻의 묘미를 잘 살려서 작품화하고 있다. 쑥은 엮어 달아놓아서 3년 묵으면 좋은 약이 된다고 한다. 옛날 할아버지, 할머니의 말씀을 빌리면 단오 전후로 닭 울음이 들리지 않는 곳에서 채취하여 그늘지고 바람 잘 통하는

---

1) 박영교, 『文學과 良心의 소리』(도서출판 대일, 1986), p.64

곳에 엮어 달아놓은 약쑥이 좋은 약재가 된다고 했다. 요즘은 그렇게 하지도 못하지만 농약 살포로 인해 좋은 약쑥은 구하기도 어렵다고 한다.

    저만의 보법으로 허공에 길을 낸다
    뼈대만 남겨둔 채 자신을 다 비워야
    꼿꼿한 어둠을 뚫고
    꽃, 꽃으로 핀다

새털처럼 어깨에 앉아 세상 문 여닫는데
빈 숲 가로질러 와 바싹 당겨 앉는 소리
흰 눈이 내리는 거다
낙엽이 지는 거다

울음도 결이 있네
가슴, 가슴 울리는

당신은 사라졌지만 살에 뼈에 스며 있어

득음한 바람으로 오는

영, 영 지지 않을 꽃
―「대금大笒」전문

 대금은 한국음악에서 널리 사용되는 관악기이며 저, 젓대라고도 한다. 죽부악기, 향악기라고 하며 슬프고 신비스러운 소리로, 장쾌하고 맑은 소리가 난다고 하겠다. 굵고 긴 대나무에 구멍을 뚫어 가로로 부는 악기다. 왼쪽 어깨에 얹어서 연주하기 때문에 연주자는 고개를 왼쪽으로 틀어야 한다. 동서양을 통틀어 이런 형태로 연주되는 유일한 악기다. 길이는 80센티미터가 넘어 한국 전통 관악기 중에 가장 크다고 하겠다.
 최 시인은 작품「대금」을 통해서 대자연의 이치를 깨우친다. 첫째 수에서는 자기 자신을 비워내야지만 어둠을 뚫고 꽃으로 핀다고 했다. 둘째 수에서는 "빈 숲 가로질러와 바싹 당겨 앉는 소리"를 눈 내리는 소리, 낙엽 지는 소리로 연상하고 있다. 마지막 수에서는 가슴을 울리는 울음 결, 득음한 바람이 피운 꽃, 영원히 지지 않을 꽃이라고 했다.
 대금은 중금, 소금과 더불어 신라의 삼죽三竹으로 알려져 있으며 신라시대부터 있던 악기로,『삼국사기』에는 동해에서 난 대로 저를 만들어 부니 적병이 물러나고 물결이 가라앉고 질병과 가뭄이 그치므로 만파식적萬波息笛

이라 불렀다고 한다. 이 저를 대금의 효시로 본다.

  1.
  꼬여서 아름다운
  필름마저 끊겨버린

  비 젖는 거리마다
  그리워 서성이는

  달곰한 요령 울릴 때
  촉수 곤두서는,

  2.
  열려야 쏟아진다
  거짓이거나 진실이거나

  새빨개야 더 믿는다
  확신에 찬 위장이여

  경계는,
  튀기는 파편

자가당착 빠지지 않기

3.
그대여 닫지 마라 금 아닌 침묵 앞에
묵은 것은 외려 썩어 악취 진동할지 몰라
나만의 주문을 왼다
"열려라 참깨, 참 깨!"
-「혀 1」전문

 최 시인의 작품 「혀 1」은 인간이 살아가면서 겪는 여러 가지 일들을 생각할 수 있는 작품이다. 사람들은 세 치밖에 안 되는 혀로 잘못을 저지르는 경우가 있다. 예부터 내려오는 말에 "혀 밑에 도끼가 들어 있다"라는 말이 있다. 세 치 혀로 잘못된 일을 하는 것을 극단적으로 표현한 것이다.
 첫째 수에서는 비가 오는 거리에서 사랑하는 이를 그리워하는 마음을 담았다. 둘째 수에서는 진실이든 거짓이든 말할 때는 진실인 것처럼 알아듣게 해야 하며 말과 행동은 일치해야 함을 강조한다. 셋째 수에서는 "침묵은 금이다"라고 하지만 그것은 옛말이니 말은 알맞게 할 수 있어야 된다는 것을 시인이 독자들에게 일러주고 있다.

쉬이 열리지 않는 난공불락의 거기
깨물어서라도 지킨 네 안 은밀한 성
깊숙이 뿌리박아 둔
꿀보다 더 달콤한,

콧대 높이 세워도 네가 콧대 아닌데
너는 참 새침하다 차암 내 처참하다

저물어 모두 돌아가는데
아직 거기
꼭, 꼬옥

끝내 못 봐 돌아선 지친 어깨 너머로
철옹성 흔들리며 삐걱, 그녀 문 여네
옴om처럼 일갈하는 저
끈끈한 말
"혀!"
 -「혀 2」전문

「혀 2」에서는 은밀함 속에 갇혀 있는 혀의 속성과 그 성이 열리기를 애타게 바라는 자의 대결 구도를 볼 수 있다. 남과 여의 관계 속에서 갑과 을의 관계를 보는 듯하다. 콧대를 높이 세운다고 해서 자신이 높아진 것도 아닌데 덩달아 높아진 줄 착각하는 사람들을 꼬집는 것으로 보인다. 애절하게 구하다 처참한 심정으로 포기하고 돌아가는 어깨 뒤로 그녀의 문이 열린다. 그리고 옴om처럼, 전언mantra처럼 허락의 한마디를 던진다. "혀!" 신체의 부위를 말하면서 허락의 의미를 던지는 이중적 구조가 맛깔스럽다.

여름이 가던 끝에

부아가 났나 보다

실핏줄 터지도록

시울이 벌게졌다

이러다

가을 불 번지나

온 산 다 타겠다
-「가을비」 전문

여름 내내 뜨겁고 무더웠던 기운을 식히기 위해 내리는 가을비. 시인은 여름 무더위를 지금까지 내내 마시다가 부아가 나서 내리는 가을비로 보고 있다. 그것이 이어져서 온 산이 가을 불 번지면서 붉게 타는 것으로 작품화했다.

호골산 정상에서 만난 때 이른 진달래야

얇은 볕에 피었다가 넋까지 얼었구나

꽃 필 날 아직도 먼데 홀로 봄을 꿈꾸었나

열서넛은 되었을까… 떨리며 톺던 동공

세태에 발가벗겨 파르르 깨문 입술

툭, 하고 건드리기만 해도 쓰러질까 애달프다

몰아치는 삭풍이 내 볼살 에는데

저리 여린 꽃잎은 잔설을 견뎌낼까

한살이 산다는 것은 홀로 서는 아득한 길
-「소녀상을 그리다」 전문

「소녀상을 그리다」는 봉화 읍내에 소재한 호골산을 등반하면서 그 산행에서 얻어진 작품인 것 같다. 이 시는 제29회 신라문학대상을 수상한 작품으로 호골산 정상에서 "때 이른 진달래"가 피었다가 얼어버린 것을 보고 떠올린 작품이다. 일제강점기에 일본군에게 강제로 끌려간 우리나라 어린 소녀들의 아픈 삶을 생각하면서 쓰였다.

새 한 마리 사나 보다, 깔고 앉은 의자 밑에
그 모습 가뭇없어 목소리만 살아 있는
몸 살짝 비틀 때마다
삐양대는 울음소리

함께 대낀 세월 속에 눈치만은 구 단이라

목청 없이, 나섬 없이 쫑알대는 저 말대꾸
불 켜진 책상 너머로 궁금한 듯 서성인다

나도 한때 귀 어두워 남의 말 외면했지
내 아픔만 아프다고 뭉크의 절규처럼
그 소리 이제야 듣네
남의 가슴 다 찢은 뒤…
-「회전의자」 전문

최 시인은 깔고 앉은 회전의자가 삐걱거리는 소리("삐양대는 울음소리")를 듣고 "가슴 다 찢"어지도록 목소리를 냈던, 그러나 자신이 외면했던 어떤 이를 기억해낸다. 시인이 이 작품을 통해서 독자들에게 하고 싶은 말은, 남의 말을 잘 들어주고 알아주어야 하는데 그러지 못하는 사람들이 얼마나 많을까 하는 것이다. 남의 아픔을 헤아릴 줄 알라는 교훈이 담겨 있기도 하다.

뒤질 게 더 있나 보란 듯 팔 벌린다
봄볕에 탈탈 털어 더 이상 죄 없어도
한 반쯤 허릴 접어서
겸손 잊지 않는다

빨 때부터 내외하는 빨래도 더러 있고
못 헤어져 엉겨 붙는 빨래도 때로 있다
빨래도 제 주인 닮아
하는 짓이 뻔하다

가끔은 돈세탁도 소문 없이 해치운다
이보다 떳떳하게 세탁한 돈 있을까
무시로 이런 횡재면
자주 빨래해야겠다
-「빨래 1」전문

 최 시인은「빨래 1」을 통해서 그 옷을 입는 옷 주인의 성품까지 언급하고 있다. 함께 넣어서 빨 수 없는 옷이 있는가 하면 빨래하는 과정에서 절대 헤어질 수 없다는 듯 저들끼리 엉켜버리는 옷들도 있다. 또한 빨래하다가 주머니 속 돈이 밖으로 떨어져 나와서 함께 세탁된 돈을 보고 요즘 기업인들이나 한 개인이 세금을 피하거나 적게 내기 위해 돈세탁을 하는 것에 대한 의미도 넌지시 던져주고 있는 작품이다.

바닥에 바짝 엎드려 얇게 썰어낸 시선
광어나 도다리나 내 눈에는 한가지

비뚜로 바라보는 건 어디나 매한가지

이쪽 혹은 저쪽에 서길 강요할 수 없다
겁 좀 났다는 게 비겁한 건 아니잖아
물길 속 눈알 번득이며 뭇 눈결 휘몰린다

증류수엔 물고기도 물이끼도 살지 못해
조금은 헐거워야 비집을 틈 있는 거
때때로 비워내면서 흔들리며 사는 거
-「편향偏向」전문

이 시는 눈이 한쪽으로 붙은 물고기, 즉 광어나 도다리 등을 통해 모든 사람은 그 눈을 똑같이 같은 쪽에 가지고 있는 사람들로서 사람들의 행동이나 사물을 바라보는 현상, 시각 등을 바르게 볼 줄 알아야 한다는 심오한 교훈이 담겨 있는 작품이다. 이쪽에 서야 할 사람인데 저 사람은 저쪽에 가서 선다고 비겁하다고 말할 수는 없다는 것, 자기 자신의 정체성identity이 있으므로 자신의 생각에 맡기는 일, 그리고 사람에게는 조금은 빈틈이 있어야 이 세상 사는 동안 흔들리면서 살아나가는 것, 그것이 세상살이 이치다.

수치를 발가벗겨 대중을 마주한다
이렇듯 까발리고 당당한 적 언제였나
수증기 희뿌예짐이 그나마 위안이다

증언의 실체가 탕으로 스며들면
숨겼던 부끄러움 스스로 부풀려서
타월로 빡빡 발설한다, 한 점 의혹 없도록

한 번의 고백성사로 의인일 순 없지만
내일 또 죄속성罪屬性이 소리 없이 자라겠지만
겨드랑 가려워지며 둥실, 몸이 가볍다
-「고해告解-목욕탕에서」전문

 얼마 전 영주온천랜드에서 최 시인을 만났다. 필자는 사실상 나 자신의 알몸도 잘 살피지 않는 사람이다. 작품 첫째 수를 보고 최 시인도 필자와 같은 생각을 가지고 살아가는 사람이 아닌가 생각해본다. 수증기에 가려서 희뿌예짐에 안심하는 것을 본다. 둘째 수에서는 탕에 들어가서 때를 불리고 미는 행위를 설명한다. 이러한 행위는 하루 동안의 피로를 풀기 위한 것이지만, 시인은 그 때가 살아오면서 저지른 잘못의 실체라고 생각한다. 마지막 수에서는 그렇게 한 번 때를 벗긴다고 해서 의인이 될 수는 없다고 말한다. 그러나 "내일 또 죄속성이 소리 없이 자라겠지만", 즉 인간은 살면서 죄를 안 지을 수는 없겠지만 오늘 하루 목욕하듯 속죄하고 깨끗하게 또 살아보자는 것이다.

1.
과녁 향해 흔들며 휘어 나는 화살처럼
잠든 대지 깨우며 휘어 나는 햇살처럼
사랑도
그처럼 휘며
끌리며 다가서는 것

곧게 가길 바랐던 세상 그 어떤 일도
마음이 흔들리며, 갈등하며 그렇게
휘면서, 비틀거리면서
조금씩 나아가는 것

2.
휘어지지 않았다면 부러졌을지 몰라
멀어지려 하는 마음 당기며, 다잡으며
입초리

배시시 올려

달큰하게 사는 것

－「휨에 관하여」전문

이 시는 '사람들이 삶을 어떻게 살아가야 하는가?'에 대해 적나라하게 표출한 것 같다. 사람과 사람 사이의 사랑도 과녁을 향해 날아가는 화살같이, 또는 햇살과 같이 사랑하는 사람에게 딸려 흡입되는 그런 사랑을 하고 싶다는 것. 그러나 모든 사람은 휘어지기보다 곧게 가기를 바라지만 삶의 방식은 그렇지 못하다. 바로 가고 싶어도 흔들리며 가게 마련인 것이다. 휘어지지 않으면 부러지는 법, 그것을 방지하기 위해서는 휘어지며 멀어져 가는 발걸음을 그래도 당기고 잡고 그렇게 살아야 하는 것이다. 휘다가 흔들리다가 다시 제자리로 오는 것, 그것이 사람의 삶이고 사랑이다.

꽃이라는 이름으로 잡아둘 수 있나 봐라

끝내 가야 할 길이면

가는 거다, 뚜벅뚜벅

그날은

속히 오리니

백 년이든

천 년이든

−「얼음꽃 3」 전문

  우리가 아무리 예뻐하고 사랑하는 꽃이 있어도 '화무십일홍花無十日紅'이라고 했다. 시인은 바로 이러한 상황을 얼음꽃으로 노래한 것이 아닌가 싶다. 그것은 누구라도 언제, 어디서 화려한 삶을 살아갈지라도 오래가지 못한다는 것이다. 우리 인간사도 마찬가지일 것이다. 3대 거지가 없고 3대 부자가 없다는 말, 그런 일들을 시인은 언급하고 있는 것 같다.

떨어지는 건 비우는 것

원래대로 되는 것

빈손으로 왔다가

제자리로 가는 것

뭔 욕심

그리도 많아

차마 놓지 못할까

다 두고 간다는 건 마음도 둔다는 것

마음 두고 간 자리에 그리움이 차는 것

마침내 떨어진 거기 緣이 結로 맺는 것
－「낙화落花」전문

  이 시는 지금까지의 우리 삶에 대해서 결산하는 느낌을 갖게 한다. 끝까지 읽고 난 다음 마음이 숙연해지는 것은 무슨 연유일까? 나이 든 사람들은 더하겠지만 젊은 사람들도 읽으면 마음 그 자체가 숙연해질 것 같다.
  「낙화」의 첫째 수를 읽어보면 잘사는 사람이나 못사는 사람들 모두가 떠날 때는 아무것도 갖고 가지 못한다. '공수래공수거空手來空手去'다. 모든 재산이나 물질은 잠깐 맡아서 관리하다가 떠나는 것이므로 '내 것'이라는 개념을 버리고 타인에게 봉사하며 좋은 일 열심히 하다가 떠나야 하는 것이다. 둘째 수에서는 떠나는 사람은 마음을 두고 떠나게 되며 그 마음이 있는 곳에는 그리움이 쌓이도록 이 세상을 살다가 떠나라고 시인은 말을 남긴다.
  문학작품은 어쨌든 간에 삶의 정서가 풍부하게 담겨

있어야 하고 독자로서 느낄 수 있는 높은 수준의 감동을 수반해 있어야 한다는 것은 자명한 사실이다.2)

    사자死者와 산 자의 경계는 오직 ㄴ
    현재 내가 살아 있음 보증하는 받침 하나

    저 계단
    내려서게 되면
    아득한 나락일 텐데
    -「ㄴ」첫째 수

    하루하루 하다 보니 하, 이만큼 했네
    하찮은 일이라도 혼신을 다해야 해
    하늘도 허락하셨네
    'ㄱ'에서 'ㅎ'까지
    -「ㅎ」첫째 수

  대구의 문무학 시인이 우리나라 한글 자모를 가지고 작품을 쓰는 것을 보았다. 최 시인도 한글 자모의 상황을 인용하여 작품을 잘 쓰고 있음을 볼 수 있다. 전자의 작품

---

2) 박영교,『시와 독자 사이』(도서출판 청솔, 2001), p.130

인「ㄴ」첫째 수를 자세히 보면 우리말의 낱말 속에서 받침 하나가 붙고 떨어지는 것의 차이점을 살려서 살아 있는 자와 죽은 자의 차이를 너무나 잘 보여주고 있다.

후자인「ㅎ」도 마찬가지로 ㅎ으로 시작하는 언어를 동원해 작품을 만들어놓은 것을 보면서 최 시인의 언어 구사력에 대해 다시 한번 감탄한다.

야콘 깎아 오래 두면
쉬이 변색하더라

약혼하고 오래 끌면
때로 변심하더라

미뤄둔
버킷리스트도
흔히 변질하더라

사과도 오래 두면 쉬이 변색하더라
사과도 미뤄두면 점점 어색하더라

아, 먼저

내미는 자의
아름다운 사과여
−「미루지 말아야」 전문

「미루지 말아야」도 우리나라 말, 낱말에 대한 작품이다. 동음이의어, 같은 소리로 발음되는 언어를 통해 작품을 구성했다. 그냥 웃어넘길 수 있는 말(단어)이지만 그것으로 작품화하는 것을 보면서 최 시인의 작품 창작법이 다양함을 느낄 수 있었다.

장 본다고 잠깐 들른
식품 코너 야채 진열장

막내딸 혼잣말로 "추웠겠네" 말 거는데
수그려 자세히 보니 이름표 '추부깻잎'

그러게, 추웠겠네 고향 잃고 왔으니

뼈와 살 파고드는 찬 데 내몰렸으니

제 부모 품 안을 떠나 방황하는 홀씨 같은

-「실향失鄕」전문

 이 작품에서도 비슷한 소리로 발음되는 두 단어를 통해 언어의 묘미를 만나게 된다. 둘째 수에서는 두 단어를 조화시켜 식물을 의인화, 거기에 감정이입을 해 그 식물이 고향을 잃은 것에 대한 아픈 마음을 토로하고 있다.

 그땐 너무 꼿꼿했어, 힘 부쳐 굽은 허리
 내 어른들 왜 숙이셨는지 오늘에야 알겠다
 뼈 새로
 바람이 숭숭
 인생 어느 가을 녘

 한평생 짐 진 무게 가볍지 않음 알아
 고개 쳐들어 못 보던 것 몸을 굽혀 줍는다
 모른 채 밟고 지나쳤던
 작은 벌레,
 삶과 의미들
  -「겸손을 배우다-골다공증」전문

 나이가 들수록 허리는 점점 굽어지고, 그렇게 기울어진 상체를 지탱하기 위해 유모차를 앞세워 걸어가는 할머니들을 종종 볼 수 있다. 최 시인은 의사로서 골다공증으로 뼛속에 구멍이 숭숭 뚫린 인생의 가을 녘을 언급하고 있다. 또한 한평생 무거운 짐을 지느라 고개를 들 수 없는 삶을 살아왔지만 지금은 무심코 딛은 자신의 발에 밟혀 죽었을 작은 벌레들을 인식하고 삶의 의미를 되새겨 보기도 한다.

  1. 이석증
숨어든 달팽이가 툇마루 끝 뒤집혔다
허위허위 젖는 발끝 여린 속을 갉아서
모질게 돌아가는 세상 선명하게 새기는,

  2. 서낭당
바위처럼 살라지만 발끝 채는 게 돌부리
박힌 돌은 허공으로 뿌리를 내리고서
저더러 엎디라 한다 돌무덤 만들어놓고

  3. 데모
내가 나를 향해 심장 하나 던진다
-그런다고 변하겠어 꿈쩍 않는 바위 치기
-그러게, 쉽게 변할까만 그냥 돌 하나 없는 거
-「돌」 전문

이 시는 같은 돌이지만 그 쓰임이나 생성이 다른 돌들에 대해 이야기한다. 먼저 이석증耳石症은 귓속에 결석이 떨어져 어지럼증이 생긴 상태를 말한다. 서낭당의 돌은 오고 가는 사람들이 하나씩 올려놓고 자신의 소원을 비는 대상이다. 그리고 데모하는 사람들의 돌은 자신의 뜻한 바를 이루기 위해 상대방의 마음에 던지는 돌이지만 결국 자신에게 던지는 돌이다. "그런다고 변하겠어"라고 자문하지만 "그냥 돌 하나 없는 거"라며 위로하는, 모든 시작은 작은 변화 하나에서 시작함을 시사하고 있다. 각 돌은 모두 다른 성향을 가지고 있지만 어떻게 보면 같은 차원의 돌이라고 생각할 수도 있는 것이다.

저런 자식 낳아서 어쩌겠어, 한탄 섞인

어머니 잠꼬대에
가슴이 뜨끔하다

누구냐
물어보지만
모르겠다,
시침 뚝

행복했던 좋은 일만 꿈꿨으면 좋으련만

꿈속에서 싸웠대,
깊숙한 곳 찔리데

여생은
잘해드려야지
다짐하는 사람 있다

바로 곁에 누웠다가 가슴 뜨끔하든지
함께 자지 못해서 찔리는 구석 있든지
멀리서 가보지 못해 차마 눈물 흘리든지
-「잠꼬대」전문

 최 시인의 가족은 오 남매라고 한다. 시「잠꼬대」는 최 시인이 고향 집에서 어머니와 함께 하룻밤을 보내면서 생긴 일을 담은 것 같다. 형제 중 누군가가 어머니와 함께 잠을 자다가 어머니의 잠꼬대를 듣게 된다. 어머니에게 여쭈어봐도 "시침 뚝" 대답을 하지 않아서 뜨끔한 자식의 마음이다. 좋은 일들만 꿈속에 나타났으면 좋으련만 뭔가 서운했던 때의 일을 꿈으로 꾸신 모양이다.

  마지막 수에서는 함께 자지 못하고 일찍 올라오는 한 아들의 찔리는 마음이 있고, 아예 가보지 못하고 눈물만 흘리는 자식도 있음을 말하며 여러 자식들 각각의 생각을 잘 엮었다.

    허구한 날 배곯기를 밥 먹듯 하던 시절
    싸라기 쌀 한 포대 등에 지고 오시더니

    굶주린
    산과 들녘에
    쏟아부어 놓으셨다

    퍼석한 밥이라도 더 먹으려 덤비는 입
    싸락싸락, 싸하도록 내리는 저 둔덕에

    차라리
    함박눈 펑펑,
    고봉으로 쌓였으면
    -「싸락눈」 전문

「싸락눈」은 요즘 아이들에게는 잘 이해되지 않을 작품이다. 왜냐하면 먹을 것이 없어서 배를 곯아본 아이들이 없을 것이기 때문이다. 지금은 먹을 것이 너무나 풍부해서 살과의 전쟁을 하고 있는 실정이다. 시인은 그런 힘들었던 삶을 살아온 세대가 아닌가 한다. 싸락눈, 이것으로 싸라기밥이라도 해서 포식하고 싶다는 생각이다. 우리나라 보릿고개가 있던 시대 그때를 지금은 알까? 어느 대통령이 국민의 고픈 배를 채우겠다고 직접 외교 전선에 나서겠는가? 박정희 대통령이 통일 볍씨를 얻기 위해 필리핀에 갔을 때 마르코스 필리핀 대통령에게 홀대를 받았다 한다. 그 수모를 겪으면서 얻어 온 볍씨로 우리나라 국민들은 보릿고개를 면하게 된 것이다. 최 시인은 그런 아픈 세월을 조금이라도 겪은 의사이므로 앞으로 훌륭한 의사로서, 시인으로서 크게 성공할 것을 믿는다.

엄마에게도 젊은 시절 있었단 걸 잊었었다

빛바랜 시간 속에 분주한 여인이여

"오늘이 무슨 요일이냐?"

묻고,

묻고,

물으시는
―「사진 한 장」 전문

나에게만 젊음이 있는 줄 알았는데 어머니의 젊은 날 사진을 발견하고 분주하시던 어머니 생각을 해본다. 최예환 시인은 이제는 다 늙고 힘없는 어머니, 날짜도 요일도 기억 못 하는 어머니, 묻고 또 물으시는 어머니로 작가의 아픈 마음을 다 내놓았다. 어머니, 누구나 가슴 저리고 아프고 그리운 이름이다. 철이 없어서, 바빠서 늘 핑계만 대다 보니 어머니는 어느 날 훌쩍 이승을 떠난다. 그때서야 아프고 그립다. 그 자식은 부모가 되고 또 그 어머니의 모습이 된다.

가냘파도 놓지 않아 살아갈 수 있는 우리
한껏 차올라도 손으로 만질 수 없어
가만히 귀에 새기네, 나직한 숨소리 하나

목에 걸려 있어서 그 결 아득하기만 해
새록새록 먼 길을 아기처럼 따르시니
남몰래 훔쳐보면서
차마
말할 수 없네

놓지 마요 놓지 마요
그 숨 결코 놓지 마요

달려갈 수 없기에
동동 구르고 있지만

오히려
떠나시는 길
붙잡고 있지 않나

크게 불어젖혀서 응어리 풀어질까
아아히 치솟았다 밑바닥까지 내리꽂는
흥건한 당신 눈물이여
여기 하냥 젖을밖에

—「아버지의 숨」 전문

아버지의 숨소리를 떠올리면서 그 "나직한 숨소리"를 귀에 새길 수밖에 없었던 그때 생각을 해본다. 저 "먼 길을 아기처럼" 떠나시려는 길, 아버지에게 "숨 결코 놓지 마요" 하면서 마지막 부탁을 하는 시인은 아버지의 얼굴에서 흥건한 눈물을 본다. 최 시인의 아픈 마음이 전해져 와 함께 마음이 아프다.

이 외에도 아버지에 대한 작품으로 「아버지의 농막」 「기침 소리」 등이 실려 있다.

굽은 등 어머니
허리춤에 둘러쳐진
외줄기 인생길 질끈 동이시고
한 그릇 갱죽만으로도
넘으셨던 보릿고개

새벽마다
눈물로 매달리셨던 그 자리
하늘에 이은 끈 결코 놓지 않으시어
지고至高한
그 사랑 입어

여태껏 춥지 않았네

해 질 녘
멍하니 먼 산 넋 놓으시고
"자고 가거라" 그 말씀 몇 번이고 뇌시니
정보다
들인 공보다
서러워 목이 메네
-「끈-요양원 가는 길」 전문

이 시 「끈」에는 부제 "요양원 가는 길"이 붙어 있다. 하늘보다 더 높은 어머니, 자기 자신을 존재하게 해주신 어머니, 자식에게 바다 같은 어머니, 새벽마다 하나님께 눈물로 매달리며 자식을 키워내셨던 그 어머니다. "한 그릇 갱죽만으로도/ 넘으셨던 보릿고개" 든든한 그 어머니가 기독교 정신으로 하나님께 눈물로 호소하시던 "지고한/ 그 사랑"으로 우리는 "춥지 않았"다고 최 시인은 말한다. "해 질 녘/ 멍하니 먼 산 넋 놓으시고" 보다가 "자고 가거라" 그 말씀 여러 번 하시고 또 하시면서 아들을 오래도록 보고 싶어서 그리워하던 마음을 지금도 최 시인은 잊을 수 없는 것이다.

이상에서 최예환 시인의 작품을 자세히 읽어보았다. 그는 훌륭한 시인으로 성장할 수 있는 자질이 있을 뿐만 아니라 의사로서도 훌륭하게 해낼 수 있는 역량을 가지고 있다. 또한 부모에 대한 효성이나 아내와 자식에 대한 정의情誼나 어느 것 하나도 소홀함이 없다.

그는 끊임없이 작품을 쓰면서 다양한 문학인과 교류하고 열심히 배우는 습관을 잃지 않고 있다. 또 항상 겸손한 마음으로 세상을 바라보는 바람직한 자세를 지니고 있다. 의술 자체가 남에게 봉사하는 일이지만, 자신을 낮추고 어려운 사람들에게 열심히 봉사하는 그의 모습을 보면서 그가 자랑스럽다는 생각을 한다. 최예환 시인은 자신의 격을 스스로 높여갈 줄 아는 사람다운 시인이자 의사다.

문학은 사람이 살아가는 길에 뜨겁고 눈물 있는 정원의 꽃 향이며 춥고 바람 부는 날 따끈한 한 잔의 차와 같은 안식이다. 어려운 세상살이에서 빛나는 언어로 사람들에게 삶의 활력을 부여할 뿐만 아니라 아름다움을 향한 정신적 투혼을 건져 올릴 수 있는 것이 바로 문학의 힘이다. 앞으로 훌륭한 작품도 많이 쓰고 봉화제일의원도 번창하기를 기원하는 바다.